北京市属高等学校人才强教计划资助项目
教育部财政部田径国家级教学团队立项项目

青少年功能性体能训练指导丛书

栏架组合训练

李建臣　主编

人民体育出版社

编委会

主　编

　　李建臣

副主编

　　靳继成　郑亚平　周建梅

主　审

　　李鸿江

编　委（以姓氏笔划为序）

　　文晓叶　庄建财　孙慧紫　李文超

　　李　灿　张自立　李幸幸　李　玲

　　张明慧　杜　鹏　张腾宇　周凯岚

　　庞　博　胡亚川　谭正则

前　言

　　栏架组合训练作为肌肉快速拉长和收缩训练，以及速度、力量、灵敏、柔韧等素质训练的有效方法，其简便性、实用性、有效性已经得到业内人士的充分肯定与赞誉，并且在国外竞技训练和大众健身领域也已经得到广泛运用。由于国内介绍专门性栏架训练方法和手段的资料较为稀少，也未将其编成系统的组合练习手段，而且指导视频也相对匮乏，因此在省市级专业队、业余运动队，以及大众健身领域的应用需求尚未得到满足。为全面提高青少年身体素质与专项体能水平，总结近年来从事田径教学训练的工作经验，利用各种国内外学习和培训的机会，精心设计了多种围绕栏架练习开展的各种实用易学的体能训练方法和手段。

　　《栏架组合训练》一书，简单易懂地介绍了栏架训练的基本原理和体能训练基础知识。对于每个栏架的练习动作，都配有文字和插图扼要介绍其目的、方法和要求。同时，为方便读者学习还配置了动作指导光盘，全方位为大家服务。

　　本书编撰过程中得到了许多专家、学者的指导帮助，并借鉴国外著名体能公司 PERFORM BETTER 的一些先进训练理念，同时得到了首都体育学院国家社科基金重点项目《全民健身服务体系创新理论与发展战略研究》课题组，以及北京市《学科与研究生教育》课题组的全力支持，在此表示特别感谢。我们从体能训练的实际需要出发，希望本书能够在现代体能训练的理念和训练方法上为广大体育工作者和体育健身爱好者提供一定的参考，也希望广大教练员能够不断学习、不断创新，举一反三，灵活运用，合理安排。

寄希望本书能够为增强青少年体质、促进青少年健康成长作出贡献，为全民健身和竞技体育服务，为努力推动我国由体育大国向体育强国迈进贡献一份力量。本书在撰写过程中经过多次讨论、修改，最后由李建臣教授和2009级研究生庞博对全书进行了串编统稿，但由于编者水平有限，书中难免存在缺点和错误，热忱欢迎广大读者批评指正。

编　者

目 录

理论篇　栏架组合训练概述 ……………………………（1）

一、栏架组合训练的理论基础 ……………………………（2）
二、栏架组合训练的体能素质 ……………………………（3）
三、栏架组合训练的基本原则 ……………………………（7）
四、栏架组合训练的技术指导 ……………………………（9）

热身篇　训前准备部分 ……………………………（13）

一、热身活动安排 ……………………………………（14）
二、静力牵伸练习 ……………………………………（16）
三、动力牵伸练习 ……………………………………（27）

实践篇　栏架组合练习 ……………………………（46）

一、低栏架练习 ………………………………………（47）
二、高栏架练习 ………………………………………（97）

参考文献 ………………………………………………（128）

理论篇
栏架组合训练概述

本篇运用运动生理学、运动生物力学等相关学科理论，从训练学角度出发，对跳跃类和跨栏等田径项目运动员安排栏架训练的相关理论进行阐述。在介绍栏架组合训练功能性的同时，还注意结合其他身体功能性练习手段进行理论性概述，旨在更好地提高运动员的力量和灵敏等机能素质，挖掘运动潜能，丰富和完善训练手段。

一、栏架组合训练的理论基础

栏架训练包括多种利用高栏架和低栏架进行的组合练习，合理安排的栏架训练效果明显，能够有效提高运动员的力量、柔韧、灵敏等体能素质，进而提高运动员的整体竞技能力。

在现代田径运动训练中，力量素质是体能各项素质中至关重要的基础素质，而在各种力量素质中，快速力量则始终是力量训练的一个重点。运动员只有具备良好的快速力量素质才能在具有快速运动形式或需要大力量的田径运动项目中取得优异成绩。上下肢爆发力和躯干爆发力是快速力量素质的重要组成部分，对运动技术、运动技能和竞技能力有着重要的影响，尤其表现在田径运动中的径赛和田赛项目中的跳跃项目。

在运动实践中，不断寻求和探索发展快速力量的训练方法和手段，是运动员、教练员特别关注的内容。肌肉的超等长练习作为发展快速力量的有效方法之一，已经被人们所广泛接受。在超等长训练中最为经典的训练方法就是跳深练习和跳栏架练习。跳深练习同栏架练习相比，无论是场地器材还是练习的技术动作等都有着严格的标准，一旦操作不当易导致运动员出现意外伤害或训练伤病，因此相比之下其训练安排较难把握。通过对各种栏架练习的合理运用，将更加有利于发挥超等长练习的优越性。

各种低栏架练习动作大多属于拉长收缩动作，拉长收缩是利用预先拉长肌肉或先反方向运动而实现快速有力的运动效果，采用的练习是那些能够使肌肉在瞬间发挥出爆发式力量的练习活动。这些低栏架拉长收缩练习动作通过人体肌肉和肌腱中的弹性成分和牵拉反射，促使下肢的运动更加有力，输出功率和爆发力最大。合理利用各种高栏架安排栏上、栏间或栏侧的练习，不仅可以应用在跨栏等田径专项运动员的日常训练中，而且对于其他任何体能主导类和技能主导类项目、同场对抗或隔网对抗项目的运动员，尤其是各项素质处于上升期的青少年运动员的灵敏、协调、反应力量等素质提高有着很大的帮助。

二、栏架组合训练的体能素质

人体在运动中表现出来的正确完成动作的基本能力，主要包括力量、速度、灵敏、耐力和柔韧等身体素质。栏架组合训练对被视为衡量运动员竞技能力的爆发力、灵敏性、协调性、平衡能力等体能素质有着重要的提高作用。以下为构成栏架组合训练的力量、速度、柔韧和灵敏等素质的基础知识。

1. 力量素质

力量素质是指人体肌肉收缩时克服内外阻力的能力，是一切生命活动的基础。各种体育活动都是由作为运动器官的肌肉以不同的负荷强度、收缩速度和持续时间进行工作来完成的。力量素质影响并促进其他身体素质的发展，它能够决定速度和耐力素质的增长、柔韧素质的发挥和灵敏素质的表现。力量素质的提高同时能够防止运动时意外受伤。

通常以运动时肌肉克服阻力的表现形式作为分类标准，将肌肉力量分为绝对肌力、相对肌力、爆发力和耐力等几种形式。绝对肌力也称最大肌力，是指肌肉做最大收缩时所能产生的张力，通常用肌肉收缩时所能克服的最大阻力负荷来表示。相对肌力是指肌肉单位生理横断面积肌纤维做最大收缩时所能产生的肌张力。肌肉爆发力是指肌肉在最短时间收缩时所能产生的最大张力。肌肉耐力是指肌肉长时间收缩的能力，常用肌肉克服某一固定负荷的最多次数（动力性运动）或最长时间（静力性运动）来表示。力量素质练习主要包括动力性和静力性练习（等长力量练习）两种。

栏架训练中运用最广泛的动作原理即超等长收缩。超等长收缩是指肌肉先被拉长，紧接着加速进行动力性收缩的肌肉收缩形式，从物理学角度来讲，即先做离心收缩，再做向心收缩，如投掷、单脚跳、双脚跳、跳深练习等。一般跳跃练习，也多带有超等长练习的性质。栏架组合训练中的小栏架练习大多属于超等长性练习，其能够有效发展力量素质的原因，一是因为肌肉由于弹性体所产生的张力变化引起力量发挥增强，其二是激发了肌肉中的牵张反射。

2. 速度素质

速度素质是指人体快速移动的能力，按其在运动中的表现可分为反应速度、动作速度和周期性运动位移速度三种形式。

栏架组合训练中，采取栏上快速冲刺跑、快速蹬摆、前后折返跳跃等各种练习能够有效提高动作速度和反应速度。

反应速度是指人体对各种刺激发生反应的快慢。反应速度的快慢主要取决于兴奋通过反射弧所需要的时间，即反应时的长短、中枢神经系统的机能状态和运动条件反射的巩固程度。

动作速度是指完成单个动作时间的长短。动作速度主要是由肌纤维类型的百分组成，以及面积、肌肉力量、肌肉组织的兴奋性和运动条件反射的巩固程度等因素所决定的。

周期性位移速度是指周期性运动中人体在单位时间内通过的距离。神经过程的灵活性好，兴奋与抑制转换速度快，是肢体动作迅速交替的前提，而各肌群间协调关系的改善，可以减少因对抗肌群紧张而产生的阻力，有利于更好地发挥速度。所以，在周期性运动项目中，肌肉放松能力的改善也是提高速度的一个重要因素。合理的栏架组合训练能够增强运动员对肌肉的整体控制能力。

此外，速度性练习时间短，主要依靠 ATP-CP 系统供能，因此肌肉中 ATP-CP 含量是决定速度素质的重要因素。通过栏架组合速度训练，肌肉中能量贮备随着训练水平的提高必定得到相应的改善。

3. 灵敏素质

栏架组合训练能够有效地发展运动员的灵敏素质，而灵敏素质是指人体迅速改变体位、转换动作和随机应变的能力。它是多种运动技能和身体素质在运动中的综合表现，是一种较为复杂的素质。在某些需要迅速改变体位的运动项目中灵敏素质尤其重要。灵敏素质的决定因素主要包括大脑皮质神经过程的灵活性及其分析综合能力、各感觉器官的机能状态、掌握的运动技能及其他身体素质水平。此外，灵敏素质还必须有一定的力量、速度、耐力及柔韧性等其他身体素质作保证，才能真正地适应复杂的环境变化，做出准确的反应。此外，灵敏素质还受年龄、性别、体重和疲劳等因素的影响。

栏架训练的方法和手段具有多样化的特点，通过简单调整就可以变换训练的形式，能够有效满足灵敏素质训练的要求。灵敏素质训练主要包括迅速、准确、协调地改变方向和速度以及跑跳练习；调整身体方位的练习；专门设计的练习和游戏（如各种不规则的运动、不对称的动作、折返跑）等。总之，利用栏架训练手段的选择要适应项目的要求。

利用栏架进行灵敏性练习一般安排在训练课的前半部分，在体力充沛时进行。训练的时间不要过长，练习次数也不要过多，每次练习后要有足够的休息时间，以消除疲劳和偿还氧债。如果利用高栏架练习时，所选用的栏架高度随训练的深入可不断降低，因为随着运动员兴奋性下降，身体疲劳的出现，动作的幅度和频率都会下降，此时训练效果并不理想，继续练习不仅会出现慢的动力定型，对灵敏性的培养不利，而且容易引起意外伤害。

因此，教练员要注意运动员年龄特点，及时把握青少年灵敏素质的敏感发展期，采取栏架组合训练等相应的手段，优先发展灵敏性。要正确认识在青春期灵敏性下降的趋向，采取相应措施加以调整，做到因人而异。

4. 柔韧素质

栏架组合训练能够有效地发展运动员的柔韧素质。柔韧素质是指人体运动时各关节的幅度或活动范围，以及肌肉、韧带的伸展能力。柔韧素质按其活动方式，可分为主动柔韧素质和被动柔韧素质。前者是指自己控制与关节有关肌肉收缩所表现出来的关节活动范围,后者则是在外力作用下所达到的关节活动幅度。柔韧性的发展有利于形成训练者优美的体形,并对掌握身体训练动作有利。良好的柔韧性还可防止运动损伤。

柔韧性按运动员专项可以分为一般柔韧性(机体主要关节的活动幅度)和专项柔韧性。柔韧素质按其活动特点,又可分为静力柔韧素质和动力柔韧素质。静力柔韧素质是指肢体被拉长后持续一段时间,动力柔韧素质则是训练者在主动运动中使肢体被拉长。通常跨栏等田径项目的运动员经常利用栏架练习发展其专项柔韧素质,而在其他项目的训练中,教练员可以选用一些在高栏架栏侧、栏间的直腿或屈腿前后绕摆等动作发展运动员的动力性柔韧素质。

三、栏架组合训练的基本原则

在青少年日常训练中,无论采用栏架训练方法针对哪一种素质进行的专门训练,都必须遵循以下训练基本原则,即有效控制和专门性原则、适宜负荷和超量负荷原则、循序渐进和适时恢复原则。

1. 有效控制和专门性

有效控制原则要求对训练活动实施有效的控制。在现代控制论的理论基础上,主要对训练过程的多变性进行有效控制。通过准确把握和控制训练的各个环节和不同阶段的训练内容来实现训练的计划。不同的训练周期,如从赛前训练期到比赛期，训练的内容应逐步由一般向专项训练过渡。专门性原则是指运动员的训练方法要专门化，从事的训练与相应的运动项目相适应，使运动员产生专门的训练适应。

栏架组合训练的专门性原则，包括进行练习的身体部位的专门性和练习动作的专门性。训练时，模仿专项运动动作的合成抗阻训练，可以提高运动员肌肉与专项运动时所需肌肉的近似度。跳高运动员采用栏架组合训练，作为其拉长收缩训练的计划部分，因练习中的髋膝踝关节发力与竞技状态一致，因此能够有效提高专项成绩。

2. 适宜负荷和超量负荷

超量负荷是指通过训练中采用超过运动员习惯的运动量和强度来刺激机体，以保障运动员成绩的稳定提高，因此这需要有足够大的运动强度和运动时间做保证。适宜负荷是指在训练中要遵循运动员的个人能力，遵循人体生理学规律来安排训练负荷。

在栏架训练时，要做到既能够合理安排负荷的强度和量，保证运动员产生超量恢复的生物适应现象，不断提高机体训练水平来取得理想训练效果，又能保证训练负荷不会对机体造成过度疲劳最终导致劣变现象的出现。在拉长收缩机制下的栏架训练中，在避免过度训练的条件下可以不断增加难度，通过把单级跳改为连续的多级跳，或者通过调整栏架高度的方式来合理运用超量负荷原则。

3. 循序渐进和适时恢复

循序渐进原则的应用要灵活多变，可以通过调整周训练次数、每节课的专项训练比例和难度、变换和增加每节训练课专项训练的内容来系统地把握整个训练计划的进程。

适时恢复原则就是寻求两次栏架组合训练之间的适宜间隔时间，及时消除运动员上次训练中的疲劳，使下次训练在上次训练出现的超量恢复期内进行，从而使运动训练效果得以积累。下次训练间隔时间与训练强度和训练量有密切的关系，训练强度和训练量大，间隔时间应长。

四、栏架组合训练的技术指导

为使参加栏架训练的运动员能够合理安排训练计划，取得理想的训练效果，预防运动损伤的发生，在训练负荷控制、训练周期安排、训练方式选择、训练技巧与安全上，提供以下建议。

1. 训练负荷控制

栏架组合训练大多属于拉长收缩动作，其训练负荷应当遵循强度增加时，量要减少的基本规律。不同的栏架训练方式，肌肉、关节和组织的刺激不同，因此要对负荷实施控制。运动范围小、速度快的练习，利用牵拉反射效果更佳。

训练量可以通过一次课的练习重复次数和组数来表述，如在下肢拉长收缩训练中即为脚触地的次数。通常初学者刚开始训练时，训练量在 90 次左右，具有一定经验的运动员可以在 110 次左右，而高水平运动员则能够实现 130 次左右的训练量。

2. 训练时间控制

在训练的频率上,拉长收缩训练属于抗阻训练,为了系统增加训练的强度、负荷量和频率,通常一个周期的拉长收缩训练应持续 6~10 周。每周安排拉长收缩训练课 3 次左右,保证运动员在 48 小时过后恢复正常的机能水平。由于不同项目的训练目的、训练负荷和比赛周期不同,因此要区别对待。

3. 训练的不同方式

不同的练习方式可以根据训练的目的选取,如需要训练的身体部位和不同的训练项目,通常包括上肢拉长收缩训练、躯干拉长收缩训练和下肢拉长收缩训练。需要上肢爆发力的运动员经常会在训练中安排上肢拉长收缩练习,因此会在田径的投掷项目中比较常见。围绕上肢开展的拉长收缩训练主要是通过实心球的抛接传递和推起练习等方式。

由于缺乏拉长收缩练习所必需的条件,因此真正意义上的专门针对躯干的拉长收缩训练较难开展,拉长收缩需要储存的弹性势能,还要利用牵拉反射的肌肉收缩效应,而躯干部位的运动方式导致牵拉反射并不能强化肌肉的收缩作用。因此,开展躯干拉长收缩训练要严格控制训练方式,减小运动范围、缩短动作时间、控制动作幅度以调节神经传导速度,通过更有效的刺激来利用牵拉反射。

下肢拉长收缩训练则具有普遍适用性,在需要运动员短时间发挥最理想的运动项目,如田径中快速力量型项目跳跃、投掷、举重和各种速度型项目都可以采用栏架组合练习进行下肢拉长收缩训练。这些项目通常需要运动员在水平、侧向和垂直方向进行快速有力的运动或变向。

下肢拉长收缩训练的方法主要有原地跳、立定跳、蹦跳、跳箱、多级跳和跳深练习。原地跳是起落点一致的跳跃，重复动作之间无间歇，如原地深跳和原地半蹲跳。立定跳是每次都全力跳的练习，动作之间有恢复，如纵跳和跳跃障碍等。立定跳既可以强调纵向又可以控制水平速度，而蹦跳则更加强调水平速度。在本书中，将原地跳、立定跳和蛙跳作为栏架训练的专项热身活动。

跨步跳和蛙跳均属于蹦跳练习，通常距离不少于 20 米。通过与低栏架的结合，安排 Z 字形等变化的栏架设计形式结合跨步跳、稳定跳进行练习。

跳箱则是增加了练习箱在多级跳的基础上跳上跳下，箱子高度因人而异。跳深练习则是采用单足、双足或者交替方式从一个跳箱上跳下之后立即跳到另外一个箱子上或纵跳、远跳均可。为方便大家在训练中举一反三，积极创新，书中少量介绍了利用高栏架进行的跳深练习。

多级跳是连续重复的跳跃运动，包括单足跳和双足跳，形式变化种类繁多，本书中选取的栏架组合练习动作大多为多级跳练习。

4. 训练技巧与安全

在栏架组合训练的技巧方面，作为运动员完整训练计划的一部分，应该与其他形式的练习紧密结合，互相促进。当同时进行拉长收缩训练和力量训练时，通常是下肢力量练习配合上肢拉长收缩训练，下肢拉长收缩训练配合上肢力量训练。当进行拉长收缩训练和有氧训练时，要首先进行拉长收缩训练，以避免有氧训练给运动员带来负面效应。

在栏架组合训练的条件方面，考虑到身体的一些生理指

标，通常青少年儿童由于骨骼和关节尚未发育完全，因此不宜利用栏架安排高强度拉长收缩训练。此外，体重在100公斤以上的成年运动员，也应该避免大强度的拉长收缩训练。在身体条件方面，对运动员力量、速度、柔韧等综合素质的要求较高。通常运动员卧推力量为自身体重1~1.5倍和下蹲力量为自身体重1.5倍时，方可进行拉长收缩训练。运动员要具备相应的快速运动能力，通常上肢要能够在5秒钟内完成60%左右体重为负荷的卧推6~8次，下肢要能够在5秒钟内完成60%左右体重为负荷的下蹲6~8次，只有运动员具备这些完成动作的快速运动能力才能进行拉长收缩训练。在平衡和协调能力上，拉长收缩训练的要求也比较高，需要运动员能够稳定规范地支撑完成很多动作。如果运动员不具备以上基本条件，容易因过度训练导致伤害事故的发生。

在用栏架组合练习训练下肢的拉长收缩动作中，如何控制身体以实现正确的落地姿势极其重要。大多数栏架组合练习最佳的着地姿势是运动员着地瞬间肩要在膝的正上方，以确保练习过程中身体重心的动态稳定性。训练时要因人而宜，既要争取实现超量恢复的最佳效果，又要保证训练的安全，避免运动损伤。因此在训练时，教练员对练习动作讲解、示范的规范性和直观性，以及运动员的理解能力就显得尤为重要，运动员要遵循教练员的指导。

热身篇
训前准备部分

一、热身活动安排

在运动员进行训练之前需要安排准备活动热身，其内容由一般准备活动逐渐过渡到专项准备活动，以取得更好的训练效果，避免不必要的运动损伤。本篇将详细介绍一些适宜的准备活动内容和形式，包括栏架训练前的静力牵伸、动力牵伸和栏架训练等专项热身。

1. 内容安排和时机选择

热身活动内容包括一般和专项准备活动两种。一般准备活动通过慢跑和牵拉等方式提高肌肉温度和呼吸频率，使肌肉黏滞性下降以提高柔韧性，为运动员进一步开展接近专项的运动做准备，通常活动时间为6~8分钟。专项准备活动是活动形式和强度逐渐接近竞技状态的运动，如跳远和三级跳远运动员进行的低强度踏跳等，持续时间为8~10分钟。

在训练和比赛前需要进行准备活动，通过小幅度的运动提高肌体温度，增强肌肉组织的柔韧性和关节的活动范围，改善功能能力。经过负荷较小的慢跑、游戏等热身之后安排牵伸运动，能够减小肌肉拉伤的可能性，避免运动损伤。全身各关节经过牵拉后安排接近专项活动方式的专项热身，刺激神经系统的兴奋性。在训练和比赛之后，建议在运动停止10分钟内进行牵伸，因为之前大强度的运动已经使体温上升，牵伸的幅度会增大，不仅能够对改善柔韧性有一定帮助，而且在减缓延迟性肌肉酸痛方面也较为理想。

2. 热身活动的负荷安排

不同项目和不同训练时期热身活动的负荷存在一定差异，而且运动员也要因人而异进行合理安排。通常，训练之前的一般准备活动和专项准备活动时间约为各8分钟，训练之后也要进行约5分钟的牵拉。在进行牵伸热身的强度上，每个牵伸动作持续30秒钟时间，在运动员感到中等程度不适时应注意，让运动员不能感受到疼痛，否则应立即停止牵拉以防肌肉拉伤。

3. 热身活动的方式选择

牵伸运动按照发力来源的不同可划分为主动牵伸和被动牵伸，通常运动员自己产生的牵伸力量称为主动牵伸，借助同伴和器械等外力进行的则是被动牵伸。通常训练中采用的牵伸主要有静力牵伸和动力牵伸两种。人体的静态柔韧性大于动态柔韧性。静力牵伸是指运动员缓慢、匀速保持牵伸动作30秒钟，通过缓慢的动作将肌肉等软组织拉长，当牵伸到一定程度时静止不动。这种方法的优点在于通常比较缓慢，避免了对肌肉肌梭的刺激，不会引起机体的牵拉反射，防止肌肉等软组织受伤，因此比较容易掌握。栏架训练专项准备活动开始之前可选择静力牵伸，以提高训练效果。静力牵伸通常被看做是运动员发展柔韧性的良好手段之一。

以下为部分常用的静力牵伸和动力牵伸练习动作，每个部位的牵伸都有多种练习手段，同时也包括一些专项热身活动。

二、静力牵伸练习

练习 1　颈部左右侧转和上下屈伸

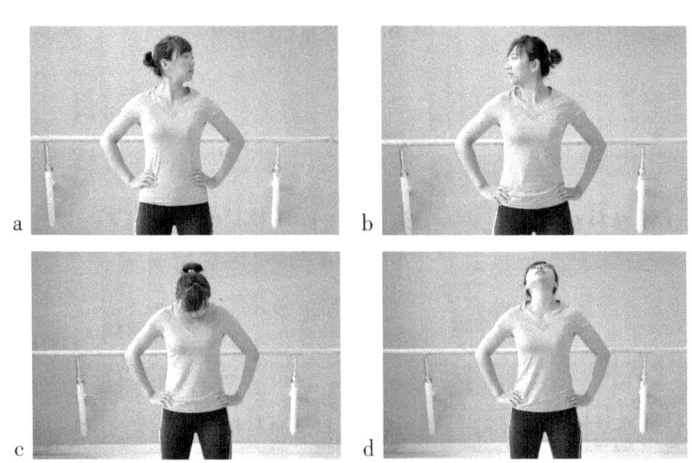

动作要领

头颈正直，头部分别向左右转动，然后屈颈使下巴靠拢胸部，最后伸颈使头向背部靠拢。

活动部位

胸锁乳突肌。

练习 2　颈后直臂牵伸

动作要领

双手背后手指交叉,缓慢向上抬起两臂。

保持头部正直,双臂上拉时仍要保持充分伸直。

活动部位

三角肌和胸大肌。

练习3 坐位肩关节牵拉

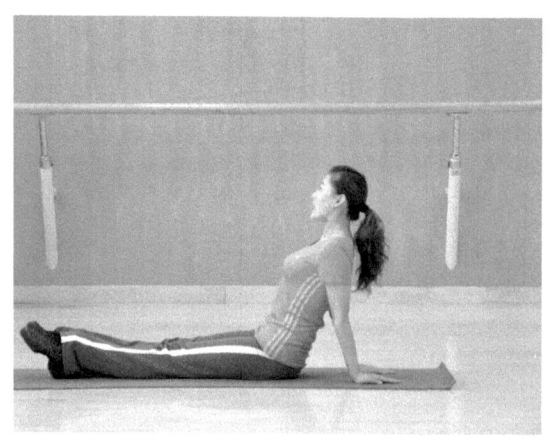

动作要领

双臂和双腿伸直,两手掌体后支撑,上体逐渐向后倾斜后仰。

活动部位

三角肌和胸大肌。

热身篇 训前准备部分

练习 4 双臂上举

动作要领

双手手指头顶交叉，掌心向上，双臂逐渐在头顶上方伸直并继续向上顶起。

活动部位

背阔肌。

练习 5　腰部牵伸脊柱扭转

动作要领

左腿伸直，右脚放在左腿膝关节外侧，同时左臂肘关节置于右膝关节右侧，右手手掌扶地，左肘关节发力使右膝向左的同时头部向右肩转动。

活动部位

腹外斜肌、腹内斜肌、梨状肌。

练习 6 弓步牵伸

动作要领

右腿屈膝前跨成弓步,右脚全脚掌着地。

左腿伸直同时脚尖朝前、脚跟离地。腰背直立,缓慢向前方下移动髋关节。

活动部位

股直肌和髂腰肌。

练习 7　仰卧屈膝

动作要领

仰卧,屈右髋,双手置于大腿后将其拉向自己的胸部。

活动部位

臀大肌和大腿后侧肌群。

练习 8　坐立双臂前伸

动作要领

双腿伸直，屈髋身体前倾，双手抓住脚尖，将脚尖向胸前拉动的同时胸部向前靠拢。双手也可抓住踝关节以降低练习的难度。

活动部位

股二头肌和腓肠肌。

练习9　单腿牵拉

动作要领

右腿伸直，左腿屈膝，左脚置于右大腿内侧下方，脚背贴地。屈髋，右手抓住右脚脚尖向后拉，同时胸部逐渐向右腿靠近。

活动部位

大腿后部肌群、脊柱直立肌群和腓肠肌。

练习 10　跨坐侧拉

a

b

动作要领

双腿伸直外展坐于垫上，双手抓右脚脚尖回拉，胸部向右腿靠拢。然后单手各抓住同侧脚脚尖，身体尽量贴向地面。

活动部位

股二头肌和内收肌群、腓肠肌和脊柱直立肌群。

练习 11 蝴蝶式牵伸

动作要领

双脚脚底合拢,双手扶脚坐于垫上。双肘下压,双手扶脚上抬,使髋关节外展,身体前倾。

活动部位

髋部内收肌群和缝匠肌。

三、动力牵伸练习

练习 12　原地双脚左右交叉跳

a

b

练习方法

两脚左右开立，与肩同宽，右脚在体前向左侧迈步，左脚在体后向右迈步使两脚形成交叉，依次交换。

动作要领

动作速度由慢到快，逐渐增加。

练习 13　原地双脚前后交叉跳

a

b

练习方法

两脚开立，起跳腾空的同时右脚向体前摆，左脚向体后摆形成前后交叉，两脚依次交换。

动作要领

动作速度由慢到快，逐渐增加。

练习 14　原地屈腿后蹬摆臂

a

b

练习方法

左腿屈膝支撑站立的同时，右腿后摆，右臂前摆至最大幅度。还原成站立姿势，然后开始另一侧动作，依次交替。

动作要领

注重动作练习过程中的本体感受。

练习 15 原地马步左右侧压腿

练习方法

两臂前平举与肩同宽,左腿缓慢屈膝稍降低重心成弓步,右腿伸直,然后左右横移侧压腿。

动作要领

两脚脚掌着地,重心尽可能低,上体正直不前倾。

练习 16 行进间双臂环绕

a

b

练习方法

小碎步前进跑的同时,双臂前后环绕。

动作要领

上下肢协调配合。

练习 17　行进间动力飞机

a

b

练习方法

大步向前迈右腿，然后右腿支撑，左腿抬起身体成燕式平衡姿势，待稳定之后，左腿放下大步向前跨出一步，继续重复此动作。

动作要领

平衡时头、躯干和四肢尽量在同一水平面上。

热身篇 训前准备部分

练习 18 行进间大腿屈膝和肩关节牵伸

a

b

练习方法

左脚向前迈步走，原地屈膝抬右腿站立，右手握右脚面往后上方提，同时左臂伸直上举使手臂贴于耳侧。

动作要领

重心在体前不要后倾，努力将抬起的脚后跟贴于臀部。

练习 19　行进间交叉步屈伸

a

b

练习方法

右脚向左前方迈步 30 厘米与左腿交叉。躯干前倾双手触地，恢复到直立姿势换另一侧动作。

动作要领

动作过程保持放松。

练习 20　动力髋关节外旋

a

b

练习方法

左腿支撑，上体直立，腰部和胸部保持正直，左手扶住右脚踝关节，使髋关节外旋。

动作要领

重心保持在身体前侧，身体不后倾。

练习 21　手部行走

a

b

练习方法

四肢撑地呈俯卧撑姿势，双手保持不动，双脚一步步向前移动至俯身最大程度，并保持双脚不动，然后双手往前爬使身体还原成直线，依次循环往前行进。

动作要领

脚向前移动过程脚后跟尽量贴地。

练习 22　多级行进间弓箭步

a

b

练习方法

左脚向前迈一大步成弓箭步，身体前倾双手触地。

此时双手都在左腿内侧，然后左臂支撑身体同时向右旋转躯干、伸展右臂。恢复到大弓箭步位置，使双手在左腿两侧，身体重心后移，伸直右腿，头颈部屈，恢复到大弓箭步位置，换右侧重复刚才同样动作。

动作要领

动作过程中要控制身体，保证动作完成质量。

练习23　正向连续弓箭步走

a

b

练习方法

双手背后配合下肢向前迈步走，右腿向前迈步成弓箭步，髋关节和膝关节角度为90°。左脚迅速跟进，右腿支撑站起还原后双脚交替前行。

动作要领

动作衔接速度要快。可利用标志物控制步幅，提高动作质量。

练习 24　原地弓箭步练习

a

b

练习方法

上体在整个动作过程中保持正直。向前迈步成弓步并收回，还原动作后两脚依次进行练习。

动作要领

髋关节和膝关节成 90°。

练习 25　双脚原地纵跳

a

b

练习方法

双臂配合身体协调摆动。起跳前稍屈膝下蹲，踝关节发力起跳。跳起时伸展踝关节，落地后从起始姿势连续起跳。

动作要领

注重动作完成质量，尽量控制身体水平方向上的移动。

练习 26　蹲　跳

a

b

练习方法

双脚与肩同宽，开立下蹲，双手手指交叉置于脑后，运动中保持固定姿势。双腿发力向上跳起，落地后还原成蹲位继续起跳。

动作要领

起跳和下蹲时要控制好动作。

练习 27　双腿团身抱膝跳

a

b

练习方法

双脚与肩同宽，自然站立。起跳到最高点时双手抱膝，落地前双手自然松开。双腿发力向上跳起，膝关节向胸部靠拢，落地后还原。

动作要领

起跳和落地时要控制好重心。

练习 28　弓步换腿跳跃

练习方法

身体呈弓步站立，前腿髋关节和膝关节成 90°。

起跳时双臂背后配合下肢上摆。起跳前一瞬间下蹲，双腿在空中交换前后位置，落地成弓步姿势。

动作要领

强调爆发速度和起跳高度，落地还原时重心不能太低。

练习 29　屈体跳跃

a

b

练习方法

双脚与肩同宽,自然站立。双臂自然摆动,在跳跃的最高点双手触摸脚尖。

双腿跳起时伸直并拢,向前方抬起,落地还原。

动作要领

只有髋部屈曲,膝关节尽量伸直。

练习 30　后踢腿跳

a

b

练习方法

双脚与肩同宽，自然站立。跳起时摆动双臂，配合下肢协调运动。

跳起后屈膝，脚后跟努力触碰臀部，落地还原后快速重复。

动作要领

跳起时膝关节垂直向下，动作衔接节奏快。

实践篇

栏架组合练习

一、低栏架练习

练习 31　渐增步幅跑

器　材：10厘米高度低栏架10个，起始两栏架间隔50厘米，栏架间距以10厘米距离依次递增放置成一直线。

负荷强度：低。

运动方向：水平向前。

起始姿势：身体略前倾，呈站立起跑准备姿势。

上肢动作：跑动中上体前倾，重心在前，双臂配合下肢摆动，摆幅要大。

下肢动作：支撑腿蹬地发力，摆动腿积极向前上方抬，逐渐增加步幅。

动作要领：蹬伸充分，强调加速和蹬离地面的技术。

练习 32　高频跑

a

b

c

器　　材：10厘米高度低栏架10个，以50厘米间隔等距放置成一直线。

负荷强度：高。

运动方向：水平向前。

起始姿势：身体略前倾，呈站立起跑准备姿势。

上肢动作：跑动中上体前倾，双臂配合下肢摆动。

下肢动作：双足着地点在身体重心下方，用力要爆发式，加快小腿和双足着地后摆速度，降低着地支撑时间。

动作要领：始终保持高步频，强调速度力量的练习。

练习 33　高抬腿跑

　　器　　材：10 厘米高度低栏架 10 个，以 50 厘米等距放置成一直线。

　　负荷强度：中等。

　　运动方向：水平向前。

　　起始姿势：身体略前倾，呈站立起跑准备姿势。

　　上肢动作：双臂配合下肢摆动，前摆至肩高后摆至髋，动作迅速有力。

　　下肢动作：双腿膝关节高抬至水平后主动下压扒地。

　　动作要领：高重心，动作频率快。

练习 34　正向栏侧单腿下压跑

a

b

c

器　　材：10 厘米高度低栏架 10 个，40 厘米等距放置成一直线。

负荷强度：中等。

运动方向：水平向前。

起始姿势：正对栏架，一脚在栏侧一脚在栏间。

上肢动作：双臂配合下肢摆动。

下肢动作：支撑腿栏侧向前蹬地前送，摆动腿积极下压落地后迅速提拉前摆。

动作要领：双臂摆动幅度小，动作节奏感强，频率快。

练习 35　正向跑动中连续一步起跳

　　器　　材：10 厘米高度低栏架 10 个，3 米距离放置成一直线。

　　负荷强度：低。

　　运动方向：水平向前。

　　起始姿势：站立式起跑姿势放松站立。

　　上肢动作：双臂配合下肢摆动。

　　下肢动作：起跳腿蹬地腾空后自然落地，摆动腿完成前摆下压动作。

　　动作要领：起跳腿始终先落地。

练习 36　正向双足稳定跳

　　器　　材：10 厘米低栏架 10 个，40 厘米间隔放置成一直线。

　　负荷强度：低。

　　运动方向：水平向前。

　　起始姿势：两脚开立与肩同宽。

　　上肢动作：上体前倾，双臂配合下肢摆动。

　　下肢动作：双脚同时蹬地发力使身体腾空时伸直，落地屈膝缓冲还原成起始姿势。

　　动作要领：动作舒展，落地时降低重心。

练习 37 正向双足垫步跳

  器 材：10厘米低栏架10个，40厘米间隔放置成一直线。

  负荷强度：低。

  运动方向：水平向前。

  起始姿势：两脚开立与肩同宽。

  上肢动作：上体前倾，双臂配合下肢摆动。

  下肢动作：双足同起同落，落地后原地跳跃依次再继续前进。

  动作要领：腾起时双腿蹬直。

练习 38　正向双足连续跳

a

b

c

器　　材：10厘米低栏架10个，40厘米间隔放置成一直线。

负荷强度：低。

运动方向：水平向前。

起始姿势：两脚开立与肩同宽。

上肢动作：双臂配合下肢摆动。

下肢动作：双足同起同落，屈膝缓冲降低重心的同时，踝关节主动对抗发力蹬地。

动作要领：反应性力量练习，腾起时控制身体姿态。

练习 39　正向双足垫步折返跳

a

b

c

d

器　　材：10 厘米低栏架 10 个，40 厘米间隔放置成一直线。

负荷强度：中等。

运动方向：水平向前。

起始姿势：两脚开立与肩同宽。

上肢动作：上体前倾，双臂配合下肢摆动。

下肢动作：蹬地跳起落地原地垫步跳跃一次，向后折返跳跃落地后接原地垫步跳一次，继续向前连跳 2 个栏架，重复上述动作。

动作要领：向后跳跃时避免身体后仰过度。

练习 40　正向双足折返跳

a

b

c

d

　　器　　材：10 厘米低栏架 10 个，40 厘米间隔放置成一直线。

　　负荷强度：高。

　　运动方向：水平向前。

　　起始姿势：两脚开立与肩同宽。

　　上肢动作：上体前倾，双臂配合下肢摆动。

　　下肢动作：双足同起同落，落地瞬间发力向后折返跳跃。

　　动作要领：对身体的控制能力和踝关节的力量要求较高，控制好重心的移动。

练习 41　正向单足稳定跳

a

b

c

器　　材：10 厘米低栏架 10 个，40 厘米间隔放置成一直线。

负荷强度：低。

运动方向：水平向前。

起始姿势：单足屈膝站立。

上肢动作：双臂配合下肢摆动。

下肢动作：支撑腿单足发力起跳，蹬地伸直，落地时屈膝缓冲，摆动腿配合摆动。

动作要领：落地积极缓冲，起跳时身体处于稳定状态。

练习 42　正向单足垫步跳

　　器　材：10厘米低栏架10个，40厘米间隔放置成一直线。

　　负荷强度：中等。
　　运动方向：水平向前。
　　起始姿势：单足屈膝站立。
　　上肢动作：双臂配合下肢摆动。
　　下肢动作：支撑腿单足发力起跳，蹬地伸直，落地时屈膝缓冲，摆动腿配合摆动。单足原地跳跃一次再继续前进。
　　动作要领：动作完成要有节奏

练习 43　正向单足连续跳

a

b

c

　　器　　材：10 厘米低栏架 10 个，40 厘米间隔放置成一直线。

　　负荷强度：中等。

　　运动方向：水平向前。

　　起始姿势：单足屈膝站立。

　　上肢动作：双臂配合下肢摆动。

　　下肢动作：支撑腿单足发力起跳，蹬地伸直，落地时屈膝缓冲，踝关节主动发力。

　　动作要领：上体不能左右倾斜，重心稳定。

练习 44　正向单足垫步折返跳

a

b

c

　　器　　材：10厘米低栏架10个，40厘米间隔放置成一直线。

　　负荷强度：中等。

　　运动方向：水平向前。

　　起始姿势：单足屈膝站立。

　　上肢动作：双臂配合下肢摆动。

　　下肢动作：支撑腿单足发力起跳，蹬地伸直，摆动腿配合摆动，落地时屈膝缓冲，落地后原地跳跃一次接向后折返跳。

　　动作要领：向后折返跳时上体略前倾，避免后仰。

练习 45　正向单足折返跳

a

b

c

器　　材：10 厘米低栏架 10 个，40 厘米间隔依次排开放置成一直线。

负荷强度：高。

运动方向：水平向前。

起始姿势：单足屈膝站立。

上肢动作：双臂配合下肢摆动。

下肢动作：支撑腿单足发力起跳，蹬地伸直，摆动腿配合摆动，落地瞬间蹬地跳起，踝关节发力向后折返跳。

动作要领：重心的提前移动是完成动作的关键。

练习 46　正向垫步蹬摆跳跃

器　　材：10 厘米低栏架 10 个，40 厘米等距放置成一直线。

负荷强度：中等。

运动方向：水平向前。

起始姿势：两脚开立与肩同宽。

上肢动作：上体正直略前倾，双臂配合下肢摆动。

下肢动作：摆动腿积极前摆高抬，支撑腿蹬地发力起跳，身体腾空过栏时摆动腿主动收腿下压，双足同时落地接原地双足跳跃一次后，双腿交替前摆。

动作要领：单足起跳、双足落地。支撑腿和摆动腿配合协调。

练习 47　正向连续蹬摆跳跃

a

b

c

器　　材：10 厘米低栏架 10 个，40 厘米等距放置成一直线。

负荷强度：高。

运动方向：水平向前。

起始姿势：两脚开立与肩同宽。

上肢动作：上体正直，双臂配合下肢摆动。

下肢动作：摆动腿积极前摆高抬，支撑腿蹬地发力起跳，身体腾空过栏时摆动腿主动收腿下压，双足同时落地后立即交替前摆。

动作要领：单足抬膝起，双足同时落地。

练习 48　持实心球双足稳定蹬伸跳跃

a

b

c

器　　材：10 厘米低栏架 10 个，40 厘米等距放置成一直线，5 公斤重实心球 1 个。

负荷强度：中等。

运动方向：水平向前。

起始姿势：两脚开立与肩同宽，上体前倾屈膝站立。

上肢动作：双臂胸前持球，起跳时迅速将球向斜前方推出，落地前收至胸前。

下肢动作：双足发力蹬伸起跳，身体正直，双足同时落地屈膝缓冲，还原成起始姿势后继续前进。

动作要领：上下肢协调发力，跳起时动作舒展。

练习 49 持实心球双足连续蹬伸跳跃

器　材：10 厘米低栏架 10 个，40 厘米等距放置成一直线，5 公斤重实心球 1 个。

负荷强度：中等。

运动方向：水平向前。

起始姿势：两脚开立与肩同宽，上体前倾屈膝站立。

上肢动作：双臂胸前持球，起跳时迅速将球向斜前方推出，落地前收至胸前。

下肢动作：双足发力蹬伸起跳，身体正直，落地瞬间双足踝关节发力跳起。

动作要领：上下肢协调发力，动作频率快。

练习 50　持实心球单足稳定蹬伸跳跃

器　　材：10 厘米低栏架 10 个，40 厘米等距放置成一直线，5 公斤重实心球 1 个。

负荷强度：中等。

运动方向：水平向前。

起始姿势：两脚开立与肩同宽，上体前倾屈膝站立。

上肢动作：双臂胸前持球，起跳时迅速将球向斜前方推出，落地前收至胸前。

下肢动作：单足发力蹬伸起跳，腾空时身体正直，落地时单足屈膝缓冲至稳定的起始姿势后继续前进。

动作要领：腾空和落地时动作稳定，控制身体姿态。

练习 51　持实心球单足连续蹬伸跳跃

器　　材：10 厘米低栏架 10 个，40 厘米等距放置成一直线，5 公斤重实心球 1 个。

负荷强度：中等。

运动方向：水平向前。

起始姿势：两脚开立与肩同宽，上体前倾屈膝站立。

上肢动作：双臂胸前持球，起跳时迅速将球向斜前方推出，落地前收至胸前。

下肢动作：单足发力蹬伸起跳，腾空时身体正直，落地瞬间踝关节发力跳起。

动作要领：腾空和落地时动作稳定，控制身体姿态。

练习 52　侧向单个栏架左右折返跳

a

b

c

d

器　　材：10厘米低栏架1个。

负荷强度：中等。

运动方向：水平向侧。

起始姿势：上体略前倾，屈膝分腿站立。

上肢动作：上体在运动过程中保持稳定。

下肢动作：栏内侧脚膝关节迅速侧向高抬，栏外侧脚蹬地发力跳起过栏后先落地。

动作要领：动作频率快，重心始终落在远离栏架的外侧脚上。

练习 53　侧向单个栏架左右交叉跳

a

b

c

d

器　　材：10 厘米低栏架 1 个。

负荷强度：中等。

运动方向：水平向侧。

起始姿势：上体略前倾，屈膝分腿站立。

上肢动作：上体在运动过程中保持稳定。

下肢动作：外侧腿迅速抬膝关节，同时内侧脚蹬地发力，远离栏架的脚先落地。

动作要领：动作频率快，重心始终落在靠近栏架的内侧腿上。

练习 54　侧向高抬腿跑

a

b

c

d

器　　材：10厘米高度低栏架10个，40厘米等距放置成一直线。

负荷强度：中等。

运动方向：水平向侧。

起始姿势：侧对栏架站立。

上肢动作：躯干直立，双臂配合下肢摆动，腿前摆时同侧手后摆维持身体平衡。

下肢动作：双腿膝关节提拉高抬后迅速扒地，连续侧向高抬腿跑。

动作要领：重心高，动作轻巧。

练习 55　侧向栏侧单腿下压跑

器　　材：10 厘米低栏架 10 个，40 厘米等距放置成一直线。

负荷强度：中等。

运动方向：水平向侧。

起始姿势：栏外侧对栏架，屈膝站立。

上肢动作：双臂配合下肢摆动。

下肢动作：摆动腿栏间提拉后摆动下压，支撑腿在栏侧积极跟进。

动作要领：动作有节奏，双臂和摆动腿的动作幅度小、频率快。

练习 56　侧向变换节奏高抬腿跑

器　　材：10 厘米低栏架 10 个，40 厘米等距放置成一直线。

负荷强度：中等。

运动方向：水平侧向。

起始姿势：侧对栏架，屈膝站立。

上肢动作：双臂配合下肢摆动。

下肢动作：前摆动腿过栏后落地瞬间即起，依靠踝关节对抗发力迅速高抬至水平，待后支撑腿跟进落地并原地蹬伸跳跃一次后，依次重复前进。

动作要领：支撑腿栏间跳跃两次，栏间节奏为"一二一二"高抬腿跳跃。

练习 57 侧向双足稳定跳

a

b

c

器　　材：10厘米低栏架10个，40厘米间隔放置成一直线。

负荷强度：低。

运动方向：水平侧向。

起始姿势：侧对栏架，两脚开立与肩同宽，屈膝站立。

上肢动作：上体前倾，双臂配合下肢摆动。

下肢动作：起跳时双脚蹬地发力，身体伸直，落地后屈膝缓冲还原成起始姿势。

动作要领：降低重心，维持身体平衡。

练习 58 侧向双足垫步跳

a

b

c

器　　材：10厘米低栏架10个，40厘米间隔放置成一直线。

负荷强度：中等。

运动方向：水平侧向。

起始姿势：侧对栏架，两脚开立与肩同宽，屈膝站立。

上肢动作：上体前倾，双臂配合下肢摆动。

下肢动作：过栏后落地时双足充分蹬伸向上跳跃，落地瞬间向侧前方发力跳跃。

动作要领：两次跳跃发力方向不同。

练习 59　侧向双足连续跳

　　器　材：10厘米低栏架10个，40厘米间隔放置成一直线。

　　负荷强度：中等。

　　运动方向：水平侧向。

　　起始姿势：侧对栏架，两脚开立与肩同宽，屈膝站立。

　　上肢动作：上体前倾，双臂配合下肢摆动。

　　下肢动作：双脚发力蹬地跳起，身体伸直，落地瞬间踝关节下压对抗发力跳起。

　　动作要领：动作节奏控制应当保证身体在空中不失去平衡。

练习 60　侧向双足垫步折返跳

a

b

c

d

器　　材：10 厘米低栏架 10 个，40 厘米间隔放置成一直线。

负荷强度：中等。

运动方向：水平侧向。

起始姿势：侧对栏架，两脚开立与肩同宽，屈膝站立。

上肢动作：上体前倾，双臂配合下肢摆动。

下肢动作：双足同起同落，过栏落地后原地垫步跳跃一次折返。

动作要领：调整重心和动作节奏。

练习61 侧向双足折返跳

器　　材：10厘米低栏架10个，40厘米间隔放置成一直线。

负荷强度：中等。

运动方向：水平侧向。

起始姿势：侧对栏架，两脚开立与肩同宽，屈膝站立。

上肢动作：上体前倾，双臂配合下肢摆动。

下肢动作：双足同起同落，蹬地发力过栏落地后，不停顿立即折返跳跃。

动作要领：通过重心控制维持身体平衡。

练习 62　侧向单足稳定跳

器　　材：10厘米低栏架10个，40厘米间隔放置成一直线。

负荷强度：低。

运动方向：水平侧向。

起始姿势：侧对栏架单足屈膝站立。

上肢动作：双臂配合下肢摆动。

下肢动作：支撑脚单足起跳，蹬地伸直，落地时屈膝缓冲至稳定状态后继续前进。

动作要领：摆动腿配合前摆，身体动作过程中始终处于稳定状态。

练习 63　侧向单足垫步跳

a

b

c

器　　材：10 厘米低栏架 10 个，40 厘米间隔放置成一直线。

负荷强度：中等。

运动方向：水平侧向。

起始姿势：侧对栏架单足屈膝站立。

上肢动作：双臂配合下肢摆动。

下肢动作：支撑腿单足起跳，蹬地伸直，落地后原地垫步跳跃一次后前进。

动作要领：每个栏间支撑腿跳跃两次，动作有节奏。

练习 64　侧向单足连续跳

器　　材：10 厘米低栏架 10 个，40 厘米间隔放置成一直线。

负荷强度：中等。

运动方向：水平侧向。

起始姿势：侧对栏架单足屈膝站立。

上肢动作：双臂配合下肢摆动。

下肢动作：支撑腿单足起跳，蹬地伸直，落地瞬间踝关节发力跳跃前进。

动作要领：上体正直，避免前后倾斜。

练习 65　侧向单足垫步折返跳

a

b

c

d

器　　材：10 厘米低栏架 10 个，40 厘米间隔放置成一直线。

负荷强度：中等。

运动方向：水平侧向。

起始姿势：侧对栏架单足屈膝站立。

上肢动作：双臂配合下肢摆动。

下肢动作：单足起跳，蹬地伸直，落地后原地垫步跳跃后折返跳回原位置。

动作要领：折返时控制好身体重心。

练习 66　侧向单足折返跳

a

b

c

器　　材：10厘米低栏架10个，40厘米间隔放置成一直线。

负荷强度：高。

运动方向：水平侧向。

起始姿势：侧对栏架单足屈膝站立。

上肢动作：双臂配合下肢摆动。

下肢动作：单足起跳，蹬地伸直，落地瞬间踝关节蹬地发力折返。

动作要领：动作节奏快的同时保证动作质量。

练习 67　侧向持实心球双足稳定蹬伸跳跃

器　　材：10厘米低栏架10个，40厘米等距放置成一直线，5公斤重实心球1个。

负荷强度：中等。

运动方向：水平侧向。

起始姿势：上体前倾，两脚开立与肩同宽，侧向屈膝站立。

上肢动作：双臂胸前持球，起跳时双手迅速将球向斜前方推出，落地前收至胸前。

下肢动作：双足同时发力蹬伸起跳，落地时屈膝缓冲至身体稳定状态后继续起跳。

动作要领：上下肢发力配合协调，动作舒展。

练习 68　侧向持实心球双足连续蹬伸跳跃

　　器　　材：10厘米低栏架10个，40厘米等距放置成一直线，5公斤重实心球1个。

　　负荷强度：中等。

　　运动方向：水平侧向。

　　起始姿势：上体前倾，两脚开立与肩同宽，侧向屈膝站立。

　　上肢动作：双臂胸前持球，起跳时双手迅速将球向斜前方推出，落地前收至胸前。

　　下肢动作：双足同时发力蹬伸起跳，落地瞬间双足踝关节发力起跳。

　　动作要领：动作频率和节奏快。

练习 69　侧向持实心球单足稳定蹬伸跳跃

器　　材：10厘米低栏架10个，40厘米等距放置成一直线，5公斤重实心球1个。

负荷强度：中等。

运动方向：水平侧向。

起始姿势：上体前倾，侧向单腿屈膝站立。

上肢动作：双臂胸前持球，起跳时双手迅速将球向斜前方推出，落地前收至胸前。

下肢动作：单足同时发力蹬伸起跳，落地后屈膝缓冲至稳定状态后起跳。

动作要领：身体稳定，加强姿态控制。

练习70　侧向持实心球单足连续蹬伸跳跃

　　器　材：10厘米低栏架10个，40厘米等距放置成一直线，5公斤重实心球1个。

　　负荷强度：中等。

　　运动方向：水平侧向。

　　起始姿势：上体前倾，侧向单腿屈膝站立。

　　上肢动作：双臂胸前持球，起跳时双手迅速将球向斜前方推出，落地前收至胸前。

　　下肢动作：单足同时发力蹬伸起跳，落地瞬间踝关节发力起跳。

　　动作要领：动作的完成质量至关重要。

练习 71　正方形双足跳

器　　材：10厘米低栏架4个，成正方形放置。

负荷强度：中等。

运动方向：顺时针方向。

起始姿势：上体前倾，双脚与肩同宽站立。

上肢动作：双臂配合下肢摆动。

下肢动作：双脚同起同落，按照顺时针方向依次跳过每个栏架。

动作要领：形式变化多样，可根据练习者能力安排垫步跳、连续跳、垫步折返跳、折返跳等多种练习方法。

练习72　正方形单足跳

器　　材：10厘米低栏架4个，成正方形放置。

负荷强度：中等。

运动方向：顺时针方向。

起始姿势：上体前倾，单腿屈膝站立。

上肢动作：双臂配合下肢摆动。

下肢动作：单足连续跳跃，按照顺时针方向依次跳过每个栏架。

动作要领：形式变化多样，可根据练习者能力安排垫步跳、连续跳、垫步折返跳、折返跳等多种练习方法。注意动作节奏。

练习 73 Z 字形双足跳

a

b

c

器　　材：10 厘米低栏架 10 个，Z 字形放置。
负荷强度：中等。
运动方向：斜线方向。
起始姿势：上体前倾，稍屈膝，平行站于栏架摆放方向。
上肢动作：双臂配合下肢摆动。
下肢动作：起跳前一瞬间下蹲，双足同时蹬伸绕栏架依次跳跃。
动作要领：跳起时强调对身体重心的控制能力。初学者如不能连续规范地完成整套动作，可以通过垫步、降低动作速度来提高动作完成质量。

练习 74　Z 字形双足侧向跳

a

b

c

　　器　　材：10 厘米低栏架 10 个，Z 字形放置。

　　负荷强度：中等。

　　运动方向：斜线方向。

　　起始姿势：上体前倾，稍屈膝，垂直站于栏架摆放方向，屈膝自然站立。

　　上肢动作：双臂配合下肢摆动。

　　下肢动作：起跳前一瞬间下蹲，双足同时蹬伸绕栏架依次跳跃。

　　动作要领：跳起时强调对身体重心的控制能力。初学者如不能连续规范地完成整套动作，可以通过垫步、降低动作速度来提高动作完成质量。

练习 75　Z 字形单足跳

a

b

c

器　　材：10 厘米低栏架 10 个，Z 字形放置。

负荷强度：中等。

运动方向：斜线方向。

起始姿势：上体前倾，稍屈膝，平行站于栏架摆放方向，屈膝自然站立。

上肢动作：双臂配合下肢摆动。

下肢动作：起跳前一瞬间下蹲，单足蹬地发力绕栏架依次跳跃。

动作要领：跳起时强调对身体重心的控制能力。初学者如不能连续规范地完成整套动作，可以通过垫步、降低动作速度来提高动作完成质量。

练习 76　Z 字形单足跨步跳

器　　材：10 厘米低栏架 10 个，Z 字形放置。

负荷强度：中等。

运动方向：斜线方向。

起始姿势：上体前倾，屈膝自然站立。

上肢动作：双臂配合下肢摆动。

下肢动作：支撑脚蹬地发力，摆动腿积极高抬前摆，落地瞬间两腿交替即起。

动作要领：动作连贯，步幅要大，蹬伸充分。

练习 77 侧向双臂交替爬行过栏

a

b

器　　材：10 厘米低栏架 10 个，间隔 40 厘米放置成一直线。

负荷强度：低。

运动方向：水平侧向。

起始姿势：侧对栏架，俯身双手撑地。

上肢动作：一侧手臂前移过栏，另一侧手臂支撑发力，带动身体重心整体前移。

下肢动作：双腿配合上肢移动。

动作要领：上下肢配合协调。

练习 78　侧向行进间俯卧撑过栏

a

b

c

器　　材：10 厘米低栏架 10 个，间隔 40 厘米放置成一条直线。

负荷强度：中等。

运动方向：水平侧向。

起始姿势：侧对栏架，俯身双手撑地。

上肢动作：一侧手臂前移，另一侧手臂支撑发力，带动身体重心整体前移。

双手过栏后完成一定数量的俯卧撑练习。

下肢动作：双腿配合上肢移动。

动作要领：上下肢配合协调。

练习 79 双人配合双臂交替过栏

a

b

c

器　　材：10 厘米低栏架 10 个，间隔 40 厘米放置成一直线。

负荷强度：中等。

运动方向：水平向前。

起始姿势：俯身双手撑地，同伴将其双腿抬至水平位置。

上肢动作：一侧手臂前移，另一侧手臂支撑地面，共同带动身体重心整体前移。

下肢动作：同伴抬双腿配合其上肢移动，不要施加向前移动的推力。

动作要领：动作过程中收腹。

练习80 双人配合双臂推起过栏

a

b

c

器　　材：10厘米低栏架10个，间隔40厘米放置成一直线。

负荷强度：中等。

运动方向：水平向前。

起始姿势：俯身双手撑地，同伴将其双腿抬至水平位置。

上肢动作：双臂同时发力推起过栏。

下肢动作：同伴抬双腿配合其上肢移动，不要施加向前移动的推力。

动作要领：动作过程中收腹，落地时屈肘缓冲。

二、高栏架练习

练习 81　正向栏上屈腿绕栏

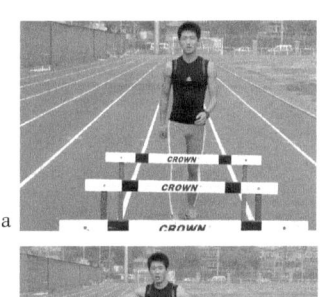

器　材：91.4 厘米高栏架 8 个，栏间距 1 米放置成一直线。

负荷强度：中等。

运动方向：水平向前。

起始姿势：正对栏架自然站立。

上肢动作：双臂配合下肢摆动。

下肢动作：摆动腿高抬到身体正前方迅速下压，后腿大小腿充分折叠，跟上前摆摆过下一个栏架，双腿依次交替一步一栏。

动作要领：过栏时高重心，身体平稳。

练习 82　正向栏上屈腿折返绕栏

a

b

c

d

　　器　　材：91.4厘米高栏架8个，栏间距1米放置成一直线。

　　负荷强度：高。

　　运动方向：水平向前。

　　起始姿势：正对栏架自然站立。

　　上肢动作：双臂配合下肢摆动。

　　下肢动作：摆动腿高抬到身体正前方迅速下压，后腿大小腿充分折叠，跟上前摆摆过下一个栏架，双腿过栏后向后折返过栏，再依次交替前进。

　　动作要领：过栏时高重心，摆动腿摆动幅度到位。

练习 83　反向栏上屈腿绕栏

　　器　　材：91.4 厘米高栏架 8 个，栏间距 1 米放置成一直线。

　　负荷强度：中等。

　　运动方向：水平向后。

　　起始姿势：背对栏架站立。

　　上肢动作：双臂配合下肢摆动。

　　下肢动作：摆动腿高抬到身体正前方，向外向后伸展，大小腿充分折叠，双腿依次交替一步一栏。

　　动作要领：过栏时高重心，身体要平稳。

练习84　正向栏上直腿绕栏走

a

b

c

d

　　器　　材：91.4厘米高栏架8个，栏间距1米放置成一直线。

　　负荷强度：低。

　　运动方向：水平向前。

　　起始姿势：面对栏架站立。

　　上肢动作：双臂配合下肢摆动。

　　下肢动作：支撑腿站立，摆动腿依靠髋关节的转动向前直腿摆动绕栏走。

　　动作要领：高重心，绕栏时勾起脚尖，一步一栏。

练习 85　侧向栏上抬腿连续走过栏

a

b

c

d

器　　材：91.4 厘米高栏架 8 个，栏间距 1 米放置成一直线。

负荷强度：低。

运动方向：水平向侧。

起始姿势：侧向栏架 45°站立。

上肢动作：双臂配合下肢摆动。

下肢动作：摆动腿高抬到身体正前方后迅速外展下压，支撑腿同样动作跟进。

动作要领：高重心。

练习 86　侧向栏上抬腿折返过栏

a

b

c

d

器　　材：91.4厘米高栏架8个，栏间距1米放置成一直线。

负荷强度：中等。

运动方向：水平向侧。

起始姿势：侧向面对栏架站立。

上肢动作：双臂自然摆动。

下肢动作：摆动腿高抬到身体正前方后迅速外展下压，支撑腿同样动作跟进落位后，双腿依次折返回到起始位置，继续前进重复动作练习。

动作要领：折返过栏时身体平稳。

练习 87　侧向栏上抬腿转正过栏

a

b

c

d

器　　材：91.4 厘米高栏架 8 个，栏间距 1 米放置成一直线。

负荷强度：中等。

运动方向：水平向侧。

起始姿势：侧向面对栏架站立。

上肢动作：双臂配合下肢摆动。

下肢动作：摆动高抬到身体正前方迅速下压过栏，支撑腿采用同样动作落位。前进的过程中不断调整抬腿落地的角度，结束时身体朝向正前方。

动作要领：动作完成要连贯。

练习 88 侧向栏上垫步高抬腿跑

a

b

c

d

器　材：91.4厘米高栏架8个，栏间距1米放置成一直线。

负荷强度：高。

运动方向：水平向侧。

起始姿势：侧向面对栏架站立。

上肢动作：上体保持正直，两臂配合下肢摆动。

下肢动作：支撑腿髋、膝、踝蹬伸充分，摆动腿大腿高抬，腿部和髋部协调发力过栏。落地后支撑腿原地垫步跳跃后双腿交换跳跃。

动作要领：重心高，动作连贯，每个栏间双脚各跳跃两次。

练习 89　侧向栏上变换节奏高抬腿跑过栏

　　器　　材：91.4 厘米高栏架 8 个，栏间距 1 米放置成一直线。

　　负荷强度：中等。

　　运动方向：水平向侧。

　　起始姿势：侧对栏架站立。

　　上肢动作：双臂配合下肢摆动，维持身体平衡。

　　下肢动作：摆动腿高抬过栏后主动扒地，落地瞬间立即高抬。后过栏的支撑腿落地后原地垫步跳跃后再进行下一个栏的动作。

　　动作要领：栏间跳跃的节奏为"一二一二"式。

练习 90 侧向栏上连续高抬腿跑

a

b

c

d

器　　材：91.4 厘米高栏架 8 个，栏间距 1 米放置成一直线。

负荷强度：高。

运动方向：水平向侧。

起始姿势：侧向面对栏架站立。

上肢动作：上体运动中保持正直，两臂配合下肢摆动。

下肢动作：支撑腿髋、膝、踝蹬伸充分，摆动腿大腿高抬，全身协调发力。

动作要领：重心高，动作连贯。

练习 91　侧向栏侧双腿直摆交替过栏

a

b

c

　　器　　材：91.4 厘米高栏架 8 个，栏间距 1 米放置成一直线。

　　负荷强度：中等。

　　运动方向：水平向侧。

　　起始姿势：栏侧侧对栏架站立。

　　上肢动作：上体正直，双臂配合下肢摆动。

　　下肢动作：摆动腿伸直过栏，左右腿交替进行。

　　动作要领：勾脚尖，动作节奏快。

练习 92　侧向栏侧双腿屈腿交替过栏

a

b

器　　材：91.4厘米高栏架8个，栏间距1米放置成一直线。

负荷强度：中等。

运动方向：水平向侧。

起始姿势：正对栏侧站立。

上肢动作：上体正直，双臂配合下肢摆动。

下肢动作：摆动腿大腿尽量高抬，左右腿交替进行。

动作要领：勾脚尖。

练习 93　侧向栏侧单腿直摆连续过栏

a

b

　　器　　材：91.4 厘米高栏架 8 个，栏间距 1 米放置成一直线。

　　负荷强度：中等。

　　运动方向：水平向侧。

　　起始姿势：正对栏侧站立。

　　上肢动作：上体正直，双臂配合下肢摆动。

　　下肢动作：摆动腿伸直过栏，支撑脚连续蹬地发力，共同推动身体侧移。

　　动作要领：摆动腿始终不变，勾脚尖，高重心。

练习 94 侧向栏侧单腿直摆折返过栏

a

b

c

d

器　　材：91.4 厘米高栏架 8 个，栏间距 1 米放置成一直线。

负荷强度：中等。

运动方向：水平向侧。

起始姿势：正对栏侧站立。

上肢动作：上体正直，双臂配合下肢摆动。

下肢动作：摆动腿伸直过栏后折返，支撑脚连续蹬地发力推动身体自然侧移。

动作要领：摆动腿始终为同一条腿。

练习 95　侧向栏侧单腿屈腿连续过栏

a

b

器　　材：91.4 厘米高栏架 8 个，栏间距 1 米放置成一直线。

负荷强度：中等。

运动方向：水平向侧。

起始姿势：正对栏侧站立。

上肢动作：上体正直，双臂配合下肢摆动。

下肢动作：摆动腿大腿尽量高抬，支撑脚连续蹬地发力，触地即起继续前进。

动作要领：摆动腿始终不变，勾脚尖，高重心。

练习 96　侧向栏侧单腿屈腿折返过栏

a

b

c

d

　　器　　材：91.4厘米高栏架8个，栏间距1米放置成一直线。

　　负荷强度：中等。

　　运动方向：水平向侧。

　　起始姿势：正对栏侧站立。

　　上肢动作：上体正直，双臂配合下肢摆动。

　　下肢动作：摆动腿大腿尽量高抬，支撑脚连续蹬地发力，触地即起向后折返前进。

　　动作要领：摆动腿始终不变，勾脚尖，高重心。

练习 97　行进间栏侧起跨腿过栏

器　　材：91.4 厘米高栏架 10 个，2 米栏间距放置成一直线。

负荷强度：低。

运动方向：水平向前。

起始姿势：栏侧自然站立。

上肢动作：上体稍前倾，两臂配合下肢摆动。

下肢动作：起跨腿屈膝外展经体侧向前提拉到身体正前方。

动作要领：起跨腿迅速提拉过栏。

练习 98　行进间栏侧摆动腿过栏

　　器　　材：91.4 厘米高栏架 10 个，2 米栏间距放置成一直线。

　　负荷强度：低。
　　运动方向：水平向前。
　　起始姿势：栏侧自然站立。
　　上肢动作：上体稍前倾，两臂配合下肢摆动。
　　下肢动作：摆动腿上栏前主动高抬，过栏后积极下压。
　　动作要领：重心高，支撑时间短。

练习 99　行进间栏上完整过栏

a

b

c

d

器　　材：91.4厘米高栏架10个，2米栏间距放置成一直线。

负荷强度：低。

运动方向：水平向前。

起始姿势：栏侧自然站立。

上肢动作：上体稍前倾，两臂配合下肢摆动。

下肢动作：摆动腿积极下压，起跨腿提拉迅速前摆，两腿动作协调，积极连贯。

动作要领：重心高，动作到位。

练习100　行进间栏上起跨腿过栏

a

b

c

d

　　器　　材：91.4厘米高栏架10个，1米栏间距放置成一直线。

　　负荷强度：低。

　　运动方向：水平向前。

　　起始姿势：正对栏架站立。

　　上肢动作：上体稍前倾，两臂配合下肢摆动。

　　下肢动作：摆动腿着地后，起跨腿提拉迅速前摆。

　　动作要领：缩短栏上腾空时间。

练习 101　行进间起跨腿下压过栏

器　　材：91.4 厘米高栏架 10 个，1 米栏间距放置成一直线。

负荷强度：低。

运动方向：水平向前。

起始姿势：正对栏架站立。

上肢动作：上体稍前倾，两臂配合下肢摆动。

下肢动作：摆动腿着地后，起跨腿提拉前摆并迅速下压扒地。

动作要领：缩短下栏时间。

练习102 跑动中栏侧起跨腿过栏

a

b

  器 材：91.4厘米高栏架10个，标准栏间距放置成一直线。

  负荷强度：中等。

  运动方向：水平向前。

  起始姿势：正对栏架左侧站立。

  上肢动作：上体稍前倾，两臂配合下肢摆动。

  下肢动作：起跨腿屈膝外展经体侧向前提拉到身体正前方。

  动作要领：起跨腿提拉迅速。

练习 103　跑动中栏侧摆动腿过栏

　　器　　材：91.4 厘米高栏架 10 个，标准栏间距放置成一直线。
　　负荷强度：中等。
　　运动方向：水平向前。
　　起始姿势：正对栏架右侧站立。
　　上肢动作：上体稍前倾，两臂配合下肢摆动。
　　下肢动作：摆动腿积极下压。
　　动作要领：支撑时间短。

练习 104　栏侧五步起跨腿过栏

器　　材：91.4 厘米高栏架 10 个，标准栏间距放置成一直线。

负荷强度：中等。

运动方向：水平向前。

起始姿势：正对栏架左侧站立。

上肢动作：上体稍前倾，两臂自然摆动。

下肢动作：起跨腿屈膝外展经体侧向前提拉到身体正前方。栏间保持五步过栏。

动作要领：起跨腿要迅速提拉过栏。

练习 105　五步过栏栏侧摆动腿练习

a

b

器　　材：91.4厘米高栏架10个，标准栏间距放置成一直线。

负荷强度：中等。

运动方向：水平向前。

起始姿势：正对栏架右侧站立。

上肢动作：上体稍前倾，两臂配合下肢摆动。

下肢动作：摆动腿积极下压，五步过栏。

动作要领：支撑时间短。

练习106 栏侧三步起跨腿过栏

a

b

　　器　　材：91.4厘米高栏架10个，标准栏间距放置成一直线。

　　负荷强度：中等。

　　运动方向：水平向前。

　　起始姿势：正对栏架左侧站立。

　　上肢动作：上体稍前倾，两臂配合下肢摆动。

　　下肢动作：起跨腿屈膝外展经体侧向前提拉到身体正前方，栏侧三步过栏。

　　动作要领：起跨腿要迅速提拉过栏。

练习107 栏侧三步摆动腿过栏

a

b

  器　　材：91.4厘米高栏架10个，标准栏间距放置成一直线。
  负荷强度：中等。
  运动方向：水平向前。
  起始姿势：正对栏架右侧站立。
  上肢动作：上体稍前倾，两臂配合下肢摆动。
  下肢动作：摆动腿积极下压，三步过栏。
  动作要领：支撑时间短。

练习 108　五步完整过栏

a

b

c

d

器　　材：91.4 厘米高栏架 10 个，标准栏间距放置成一直线。

负荷强度：高。

运动方向：水平向前。

起始姿势：正对栏架站立。

上肢动作：上体稍前倾，两臂配合下肢摆动。

下肢动作：摆动腿积极下压，起跨腿提拉迅速前摆，两腿动作协调，积极连贯。

动作要领：重心高，支撑时间短。五步节奏过栏。

练习 109　三步完整过栏

　　器　　材：91.4厘米高栏架10个，标准栏间距放置成一直线。

　　负荷强度：高。

　　运动方向：水平向前。

　　起始姿势：正对栏架站立。

　　上肢动作：上体稍前倾，两臂自然摆动。

　　下肢动作：摆动腿积极下压，起跨腿提拉迅速前摆，两腿动作协调，积极连贯。

　　动作要领：重心高，支撑时间短。三步节奏过栏。

练习 110　超等长收腹跳栏架

器　　材：91.4厘米高栏架10个，1米间隔放置成一直线。

负荷强度：中等。

运动方向：水平向前。

起始姿势：两脚开立与肩同宽。

上肢动作：上体保持正直，两臂自然前后摆动。

下肢动作：起跳后两腿尽量向上收，落地后连续跳。

动作要领：双足同时落地，屈膝缓冲维持身体平衡。

练习 111　超等长两级跳栏架

器　　材：91.4 厘米高栏架 10 个，3 米间隔放置成一直线。

负荷强度：中等。

运动方向：水平向前。

起始姿势：两脚开立与肩同宽。

上肢动作：上体保持正直，两臂自然前后摆动。

下肢动作：立定跳落地瞬间起跳过栏，两腿膝关节尽量内收，落地后连续跳。

动作要领：双足同时落地，屈膝缓冲维持身体平衡。

参考文献

[1] 李鸿江. 青少年体能锻炼 [M]. 北京：高等教育出版社，2007.

[2] 李鸿江. 田径 [M]. 北京：高等教育出版社，2006.

[3] 田麦久. 运动训练学 [M]. 北京：高等教育出版社，2006.

[4] 国外体育科技与运动训练科学化最新成果丛书. 体能训练指导（上）[M]. 北京：国家体育总局备战2008年奥运会科技专家组，2007.

[5] 国外体育科技与运动训练科学化最新成果丛书. 体能训练指导（下）[M]. 北京：国家体育总局备战2008年奥运会科技专家组，2007.

[6] 刘宇，孙明运，译. 竞技能力的全面发展——身体功能训练的艺术和科学 [M]. 北京：北京体育大学出版社，2011.

[7] 阮棉芳，尹军，译. 快速伸缩复合训练 [M]. 北京：北京体育大学出版社，2011.

[8] 王卫星，蔡有志. 体能——力量训练指南 [M]. 北京：北京体育大学出版社，2006.

[9] 张英波. 现代体能训练方法 [M]. 北京：北京体育大学出版社，2006.

[10] 张英波. 田径体能训练 [M]. 北京：人民体育出版社，2005.

[11] 刘卫军，袁守龙. 牵伸训练 [M]. 北京：北京体育大学出版社，2007.

[12] 王德平,田永强.体能训练运动处方[M].北京:北京体育大学出版社,2007.

[13] 周海雄,郑建岳,等.网球运动员体能与心理训练手册[M].北京:人民体育出版社,2008.

[14] 邓树勋,王健,等.运动生理学[M].北京:高等教育出版社,2005.

[15] 季浏.体育锻炼与心理健康[M].上海:华东师范大学出版社,2006.

[16] IAAF Coaches Education & Certification System. Level Ⅰ/Ⅱ Advanced Coaching Theory Textbook,2002.

主编简介

李建臣，男，1958年1月生，教授，博士学位，硕士生导师，现任首都体育学院田径教研室主任；中国运动训练学会田径专业委员会常委；中国体育科学学会会员；中国田径战略研究会委员。主要研究方向为体育教育训练学、运动技术优化与诊断。近年来在《中国体育科技》《体育科学》《北京体育大学学报》等国家级核心刊物发表学术论文43篇。其中，《田径教育教学体系的构建与发展》获国家体育总局教学成果一等奖；《备战奥运会田径耐力项目科技攻关与服务》《铅球运动员运动学与动力学系统诊断与效益反馈》获省部级政府科技进步奖；竞走、铁饼、标枪、撑竿跳高等项目的攻关研究获局级科技攻关奖。出版《现代推铅球运动》《体育产业资本市场创新体系的研究》《田径》《青少年体能锻炼》等教材13部、译著1部。在奥运会科学大会、亚运会科学大会、全国体育科学大会、国际运动生物力学科学大会等学术会议上宣讲学术论文76篇。现承担国家社科基金重点项目课题、教育部财政部田径国家级教学团队、北京市学科与研究生教育等课题研究任务。

图书在版编目(CIP)数据

栏架组合训练 / 李建臣主编
. -北京：人民体育出版社，2012（2019.8.重印）
（青少年功能性体能训练指导丛书）
ISBN 978-7-5009-4290-0

Ⅰ.①栏… Ⅱ.①李 Ⅲ.①青少年-体能-身体训练
Ⅳ.①G808.14

中国版本图书馆 CIP 数据核字（2012）第 104751 号

*

人民体育出版社出版发行
北京建宏印刷有限公司印刷
新 华 书 店 经 销

*

850×1168 32 开本 4.5 印张 150 千字
2012 年 9 月第 1 版 2019 年 8 月第 5 次印刷
印数：5,001—6,000 册

*

ISBN 978-7-5009-4290-0
定价：28.00 元

社址：北京市东城区体育馆路 8 号 （天坛公园东门）
电话：67151482（发行部） 邮编：100061
传真：67151483 邮购：67118491
网址：www.sportspublish.cn
（购买本社图书，如遇有缺损页可与邮购部联系）